LEE

CON LETRA MAYÚSCULA, CURSIVA Y DE IMPRENTA

LUZ

luz

luz

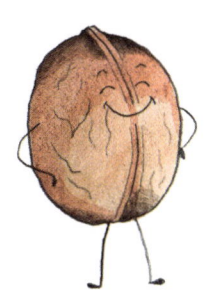

NUEZ

nuez

nuez

HOY

hoy

hoy

YO

yo

yo

JUEZ

juez

juez

GONG

gong

gong

 MONOSÍLABOS 1

LEE

 Y MARCA LA PALABRA CORRECTA

 LUZ

SURF

 NUEZ

PEZ

 HOY

DOY

 YO

HOY

 JUEZ

PUES

 GONG

GOLF

ESCRIBE

LA LETRA QUE FALTA

 L_ _Z

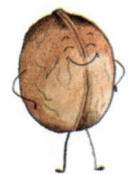 NU_ _Z

 H_ _Y

 _ _O

 J_ _EZ

 G_ _NG

 ESCRIBE

LA PALABRA ENTERA

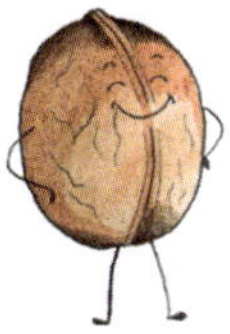

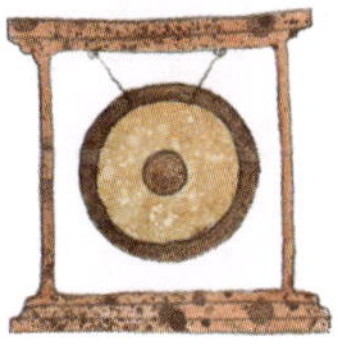

_____

_____

_____

_____

_____

_____

COPIA Y DIBUJA

LA PALABRA ENTERA

LA LUZ

EL GONG

_____

_____

RELACIONA

LA LUZ	el gong	el gong
LA NUEZ	yo	el juez
EL JUEZ	el juez	la nuez
YO	la nuez	la luz
EL GONG	la luz	yo

ESCRÍBELAS CON LETRA ....

_____   _____

_____   _____

_____   _____

COMPLETA LAS FRASES Y CÓPIALAS

 LA _____ DE LA BOMBILLA ES BLANCA

_____

 LA _____ ES UN FRUTO SECO

_____

 _____ ES UN BUEN DÍA PARA JUGAR

_____

 _____ QUIERO UN HELADO, ¿Y TÚ?

_____

 EL _____ LLEVA TOGA

_____

 EL _____ ES UN INSTRUMENTO

_____

 # LEE Y CONTESTA SÍ O NO

 ES UNA LUZ ☐

 ES UN JUEZ ☐

 ES UNA NUEZ ☐

 ES UN GONG ☐

 ES UN JUEZ ☐

 ES UN GONG ☐

 RODEA LA RESPUESTA

¿CUÁNTAS FRASES ESTABAN MAL?

1   2   3   4   5   6

COMPRENSIÓN LECTORA

LA LUZ DE LA BOMBILLA BRILLA MUCHO.
La luz de la bombilla brilla mucho.

¿QUÉ BRILLA MUCHO?_____

LA NUEZ ES UN FRUTO SECO.
La nuez es un fruto seco.

¿QUÉ ES UN FRUTO SECO?_____

HOY ES UN BUEN DÍA PARA JUGAR.
Hoy es un buen día para jugar.

¿CUÁNDO ES UN BUEN DÍA PARA JUGAR?_____

HAZ LA SOPA DE LETRAS

Encuentra las 6 palabras escondidas

	1	2	3	4	5	6	7
A	M	Z	U	L	H	A	J
B	Ñ	G	A	R	J	I	Q
C	T	O	Z	E	U	J	Y
D	O	N	E	N	U	E	Z
E	R	G	H	I	E	U	L
F	P	O	A	D	N	Z	O
G	Y	N	L	A	Z	E	Y

¿QUÉ LETRA SE ENCUENTRA EN LA COORDENADA...?

A-1   LA LETRA M

D-5   LA LETRA _____

B-7   LA LETRA _____

C-6   LA LETRA _____

 **LEE**

CON LETRA MAYÚSCULA, CURSIVA Y DE IMPRENTA

 REY
rey
rey

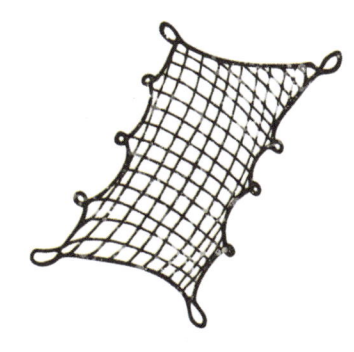 RED
red
red

 FLAN
flan
flan

 FLOR
flor
flor

 VOZ
voz
voz

 VALS
vals
vals

MONOSÍLABOS 2

LEE

 Y MARCA LA PALABRA CORRECTA

REY
BUEY

RED
RES

FLAN
PAN

FLOR
COL

VOZ
COZ

VALS
VOZ

ESCRIBE

LA LETRA QUE FALTA

 R_ _Y

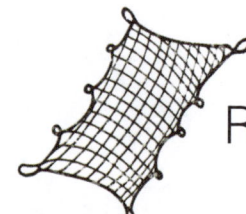 R_D

 FL_ _N

 _ _LOR

 V_Z

 V_ _LS

ESCRIBE

LA PALABRA ENTERA

_____   _____

_____   _____

_____   _____

COPIA Y DIBUJA

LA PALABRA ENTERA

EL REY   LA FLOR

_____   _____

RELACIONA

EL VALS	el rey	la voz
EL FLAN	la red	el flan
LA VOZ	la flor	la flor
LA FLOR	el flan	el vals
LA RED	la voz	el rey
EL REY	el vals	la red

ESCRÍBELAS CON LETRA ....

_____   _____

_____   _____

12

 # COMPLETA LAS FRASES Y CÓPIALAS

 EL _____ TIENE UNA CORONA

_____

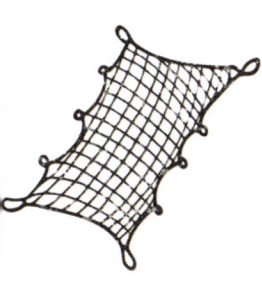 USAMOS UNA _____ PARA PESCAR

_____

 MI MERIENDA FAVORITA ES EL _____

_____

 ESTA _____ HUELE MUY BIEN

_____

 LAURA TIENE UNA _____ PRECIOSA

_____

 ME APETECE BAILAR UN _____

_____

 LEE Y CONTESTA SÍ O NO

ES UNA RED ☐

ES UN VALS ☐

ES UN FLAN ☐

ES UNA FLOR ☐

ES UN FLAN ☐

ES UN REY ☐

 RODEA LA RESPUESTA

¿CUÁNTAS FRASES ESTABAN MAL?

1   2   3   4   5   6

COMPRENSIÓN LECTORA

EL REY TIENE UNA CORONA.

El rey tiene una corona.

¿QUIÉN TIENE UNA CORONA?_____

ME APETECE BAILAR UN VALS.

Me apetece bailar un vals.

¿QUÉ TE APETECE BAILAR?_____

MI MERIENDA FAVORITA ES EL FLAN.

Mi merienda favorita es el flan.

¿CUÁL ES TU MERIENDA FAVORITA?_____

ESTA FLOR HUELE MUY BIEN.

Esta flor huele muy bien.

¿QUÉ HUELE MUY BIEN?_____

HAZ LA SOPA DE LETRAS

Encuentra las 6 palabras escondidas

	1	2	3	4	5	6	7
A	B	O	L	W	H	X	J
B	J	R	E	Y	J	O	Q
C	N	A	L	F	M	N	R
D	O	O	U	R	S	A	E
E	V	K	O	I	L	U	D
F	P	L	A	D	A	W	O
G	F	N	U	E	V	O	Z

¿QUÉ LETRA SE ENCUENTRA EN LA COORDENADA...?

G-4 LA LETRA
E

E-7 LA LETRA
_____

G-6 LA LETRA
_____

A-2 LA LETRA
_____

16

 # LEE

CON LETRA MAYÚSCULA, CURSIVA Y DE IMPRENTA

 CHEF

chef

chef

 COL

col

col

 SURF

surf

surf

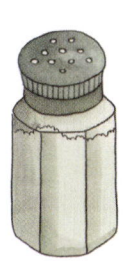 SAL

sal

sal

 TÉ

té

té

 TREN

tren

tren

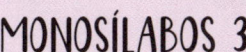

LEE

 Y MARCA LA PALABRA CORRECTA

CHEF
DIEZ

COL
CAL

SURF
SUR

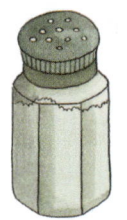
SAL
SOL

TÉ
FE

TREN
BIEN

ESCRIBE

LA LETRA QUE FALTA

 __HEF

 C__L

 __URF

 S__L

 __É

 TRE__

ESCRIBE

LA PALABRA ENTERA

_____

_____

_____

_____

_____

_____

COPIA Y DIBUJA

LA PALABRA ENTERA

EL TREN

LA SAL

_____

_____

RELACIONA

LA COL	el té	el chef
EL CHEF	el tren	la sal
EL SURF	la col	el tren
EL TÉ	el chef	el surf
LA SAL	el surf	el té
EL TREN	la sal	la col

ESCRÍBELAS CON LETRA ....

_____   _____

_____   _____

_____   _____

COMPLETA LAS FRASES Y CÓPIALAS

 MI PADRE ES _____ Y COCINA GENIAL

_____

 ME GUSTA LA _____ CON PATATAS

_____

 ME ENCANTA HACER _____

_____

 PONGO _____ A LAS PATATAS

_____

 ME GUSTA TOMAR EL _____

_____

 NOS ENCANTA IR EN _____

_____

✔️ LEE Y CONTESTA SÍ O NO ✖️

ES UNA COL ☐

ES UN TÉ ☐

ES UN TREN ☐

ES UN CHEF ☐

ES UN TREN ☐

ES UNA COL ☐

 RODEA LA RESPUESTA

¿CUÁNTAS FRASES ESTABAN MAL?

1   2   3   4   5   6

ME GUSTA LA COL CON PATATAS.

Me gusta la col con patatas.

¿CON QUÉ TE GUSTAN LAS PATATAS?_____

ME ENCANTA HACER SURF.

Me encanta hacer surf.

¿QUÉ TE ENCANTA HACER?_____

PONGO SAL A LAS PATATAS.

Pongo sal a las patatas.

¿QUÉ PONES A LAS PATATAS?_____

MI PADRE ES CHEF Y COCINA GENIAL.

Mi padre es chef y cocina genial.

¿CUÁL ES LA PROFESIÓN DE TU PADRE?_____

HAZ LA SOPA DE LETRAS

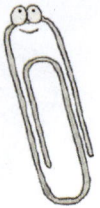

Encuentra las 6 palabras escondidas

	1	2	3	4	5	6	7
A	D	E	S	C	H	E	F
B	N	E	R	T	C	E	W
C	L	L	X	M	D	L	T
D	H	L	S	U	R	F	Y
E	U	N	O	I	L	A	S
F	I	Y	I	O	N	Í	U
G	L	F	C	A	D	T	É

¿QUÉ LETRA SE ENCUENTRA EN LA COORDENADA...?

G-2   LA LETRA
       F

F-4   LA LETRA
       _____

B-5   LA LETRA
       _____

A-7   LA LETRA
       _____

 # LEE

CON LETRA MAYÚSCULA, CURSIVA Y DE IMPRENTA

MAR

mar

mar

MIEL

miel

miel

DIEZ

diez

diez

DOS

dos

dos

BUS

bus

bus

BOL

bol

bol

MONOSÍLABOS 4

LEE

 Y MARCA LA PALABRA CORRECTA

 MAR
MAL

 MIEL
PIEL

 DIEZ
PIES

 DOS
DIEZ

 BUS
LUZ

 BOL
COL

ESCRIBE

LA LETRA QUE FALTA

 M__R

 MI__L

 DI__Z

 D__S

 B__S

 BO__

ESCRIBE

LA PALABRA ENTERA

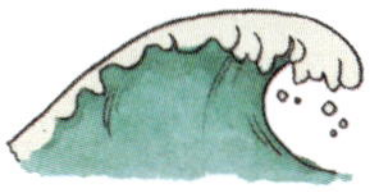

_____   _____

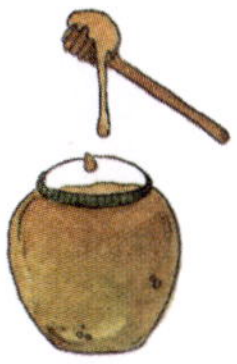

_____   _____

_____   _____

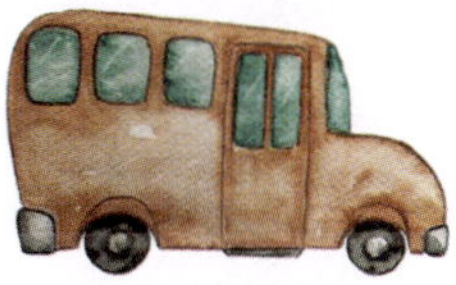

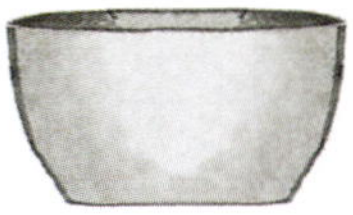

COPIA Y DIBUJA

LA PALABRA ENTERA

EL BUS   LA MIEL

_____   _____

RELACIONA

LA MIEL	el mar	el bol
EL MAR	la miel	el dos
EL DIEZ	el dos	el bus
EL BUS	el bus	la miel
EL BOL	el diez	el mar
EL DOS	el bol	el diez

ESCRÍBELAS CON LETRA ....

_____   _____

_____   _____

_____   _____

COMPLETA LAS FRASES Y CÓPIALAS

 ME ENCANTA EL AZUL DEL _____

_____

 LA _____ ES DULCE Y DELICIOSA

_____

 EL _____ VIENE DESPUÉS DEL NUEVE

_____

 TENEMOS _____ PERROS EN CASA

_____

 VAMOS EN _____ CADA DÍA

_____

 NECESITO UN _____ GRANDE

_____

29

 **LEE Y CONTESTA SÍ O NO** ✗

ES UN MAR ☐

ES UN BOL ☐

ES UN DIEZ ☐

ES UN BUS ☐

ES UN BOL ☐

ES UN DIEZ ☐

 **RODEA LA RESPUESTA**

¿CUÁNTAS FRASES ESTABAN MAL?

1   2   3   4   5   6

 COMPRENSIÓN LECTORA

ME ENCANTA EL COLOR AZUL DEL MAR.

Me encanta el color azul del mar.

¿QUÉ ES DE COLOR AZUL?_____

EL DIEZ VIENE DESPUÉS DEL NUEVE.

El diez viene después del nueve.

¿QUÉ VIENE DESPUÉS DEL NUEVE?_____

TENEMOS DOS PERROS EN CASA.

Tenemos dos perros en casa.

¿CUÁNTOS PERROS TENÉIS EN CASA?_____

HAZ LA SOPA DE LETRAS

Encuentra las 6 palabras escondidas

	1	2	3	4	5	6	7
A	M	A	R	S	Y	H	G
B	D	C	P	L	G	U	O
C	G	I	H	L	E	I	M
D	B	R	E	E	T	P	B
E	U	G	X	Z	E	S	N
F	S	O	G	L	O	B	T
G	S	P	I	D	O	C	P

¿QUÉ LETRA SE ENCUENTRA EN LA COORDENADA...?

F-5   LA LETRA
O

D-7   LA LETRA
_____

B-3   LA LETRA
_____

C-2   LA LETRA
_____

LEE

CON LETRA MAYÚSCULA, CURSIVA Y DE IMPRENTA

TRES

tres

tres

GRIS

gris

gris

TOS

tos

tos

GOLF

golf

golf

TROL

trol

trol

GOL

gol

gol

MONOSÍLABOS 5

LEE

✓ Y MARCA LA PALABRA CORRECTA

TRES
MES

GRES
GRIS

BUS
TOS

GOLF
SURF

TROL
FLOR

FLOR
GOL

ESCRIBE

LA LETRA QUE FALTA

 TRE__

 __OS

 T__OL

 GRI__

 G__LF

 G__L

 # ESCRIBE

LA PALABRA ENTERA

_____

_____

_____

_____

_____

_____

COPIA Y DIBUJA

LA PALABRA ENTERA

EL TROL   LA TOS

_____   _____

RELACIONA

EL TRES	*el gris*	la tos
EL TROL	*el trol*	el tres
LA TOS	*el gol*	el gris
EL GRIS	*la tos*	el golf
EL GOLF	*el golf*	el trol
EL GOL	*el tres*	el gol

ESCRÍBELAS CON LETRA ....

_____   _____

_____   _____

_____   _____

 # COMPLETA LAS FRASES Y CÓPIALAS

 TENGO _____ GLOBOS DE COLORES

_____

 TENGO _____ Y NECESITO JARABE

_____

 EL _____ ES UN PERSONAJE MÁGICO

_____

 EL ELEFANTE ES DE COLOR _____

_____

 MI MAMÁ JUEGA AL _____

_____

 EL JUGADOR MARCÓ UN _____

_____

✔ LEE Y CONTESTA SÍ O NO ✗

3 ES UN TROL ☐

ES UN GOL ☐

ES UN GOL ☐

ES UN TRES ☐

ES UN TROL ☐

ES UN TRES ☐

 RODEA LA RESPUESTA

¿CUÁNTAS FRASES ESTABAN MAL?

1   2   3   4   5   6

 # COMPRENSIÓN LECTORA

TENGO TRES GLOBOS DE COLORES.

Tengo tres globos de colores.

¿CUÁNTOS GLOBOS TIENES?_____

TENGO TOS Y NECESITO JARABE.

Tengo tos y necesito jarabe.

¿POR QUÉ NECESITAS JARABE?_____

MI MAMÁ JUEGA AL GOLF.

Mi mamá juega al golf.

¿A QUÉ JUEGA TU MAMÁ?_____

EL ELEFANTE ES DE COLOR GRIS.

El elefante es de color gris.

¿DE QUÉ COLOR ES EL ELEFANTE?_____

HAZ LA SOPA DE LETRAS

Encuentra las 6 palabras escondidas

	1	2	3	4	5	6	7
A	M	S	O	T	E	I	S
B	A	G	J	T	R	E	S
C	S	Y	R	L	A	U	B
D	L	L	F	L	O	G	N
E	I	F	X	V	S	O	E
F	T	R	O	L	O	L	U
G	I	A	G	R	I	S	P

¿QUÉ LETRA SE ENCUENTRA EN LA COORDENADA...?

F-4	LA LETRA L

D-5	LA LETRA _____

B-7	LA LETRA _____

C-6	LA LETRA _____

 LEE

CON LETRA MAYÚSCULA, CURSIVA Y DE IMPRENTA

PAN

pan

pan

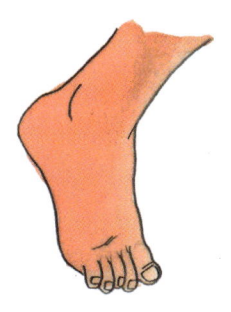

PIE

pie

pie

PAZ

paz

paz

PIEL

piel

piel

PEZ

pez

pez

PIN

pin

pin

MONOSÍLABOS 6

LEE

 Y MARCA LA PALABRA CORRECTA

PAN
PON

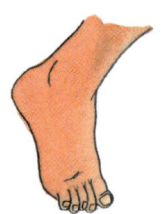
PIE
DIEZ

PAZ
RAS

PIEL
MIEL

PEZ
VEZ

PIN
PAN

ESCRIBE

LA LETRA QUE FALTA

 P__N

 __AZ

 PIE__

 PE__

 PI__

 PI__

 # ESCRIBE

LA PALABRA ENTERA

_____

_____

_____

_____

_____

_____

COPIA Y DIBUJA

LA PALABRA ENTERA

EL PAN   LA PAZ

_____   _____

RELACIONA

EL PAN	el pin	el pez
LA PAZ	la piel	la paz
EL PEZ	el pan	el pie
EL PIE	la paz	el pan
LA PIEL	el pez	la piel
EL PIN	el pie	el pin

ESCRÍBELAS CON LETRA ....

_____   _____

_____   _____

_____   _____

COMPLETA LAS FRASES Y CÓPIALAS

EL _____ RECIÉN HORNEADO ES GENIAL

_____

EL 30 DE ENERO ES EL DÍA DE LA _____

_____

EL _____ VIVE EN EL AGUA

_____

ME DUELE EL _____

_____

LA _____ ES MUY DELICADA

_____

ESTE ES MI _____ FAVORITO

_____

 # LEE Y CONTESTA SÍ O NO

 ES UN PAN ☐

 ES UN PAN ☐

 ES UN PEZ ☐

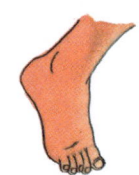 ES UN PIE ☐

 ES UN PIE ☐

ES UNA PIEL ☐

 RODEA LA RESPUESTA

¿CUÁNTAS FRASES ESTABAN MAL?

1   2   3   4   5   6

# COMPRENSIÓN LECTORA

EL 30 DE ENERO ES EL DÍA DE LA PAZ.

El 30 de enero es el día de la paz.

¿QUÉ DÍA ES EL 30 DE ENERO?_____

EL PEZ VIVE EN EL AGUA.

El pez vive en el agua.

¿QUÉ ANIMAL VIVE EN EL AGUA?_____

ME DUELE EL PIE.

Me duele el pie.

¿QUÉ TE DUELE?_____

LA PIEL ES MUY DELICADA.

La piel es muy delicada.

¿QUÉ ES MUY DELICADA?_____

HAZ LA SOPA DE LETRAS

Encuentra las 6 palabras escondidas

	1	2	3	4	5	6	7
A	G	P	A	N	J	D	K
B	P	P	V	T	P	S	Ñ
C	W	A	I	A	A	U	S
D	R	B	Z	E	N	P	E
E	U	N	I	P	G	I	L
F	J	B	P	L	E	E	P
G	Z	E	P	S	G	L	P

¿QUÉ LETRA SE ENCUENTRA EN LA COORDENADA...?

B-1 LA LETRA
P

D-5 LA LETRA
_____

B-7 LA LETRA
_____

C-6 LA LETRA
_____